БОЖА ЗБРОЯ

У важкі години я залишаюся сильним, тому що Божа сила і могутність завжди зі мною.

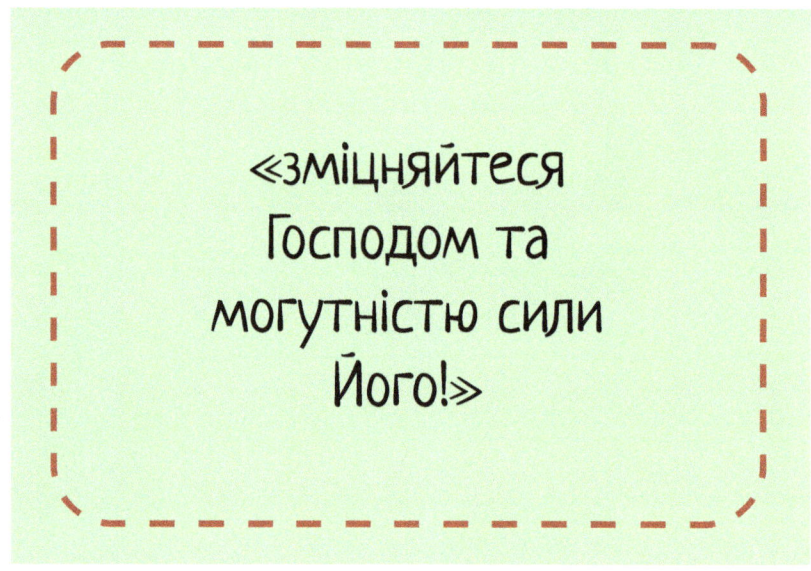

«зміцняйтеся Господом та могутністю сили Його!»

Сила і могутність Бога є саме тією зброєю, яка захищає мене від спокус диявола.

«Зодягніться в повну Божу зброю, щоб могли ви стати проти хитрощів диявольських.»

Я повинен боротися не з людьми, які мені заподіюють зло. Я повинен боротися зі злом, яке завдає шкоди.

«Бо ми не маємо боротьби проти крови та тіла.»

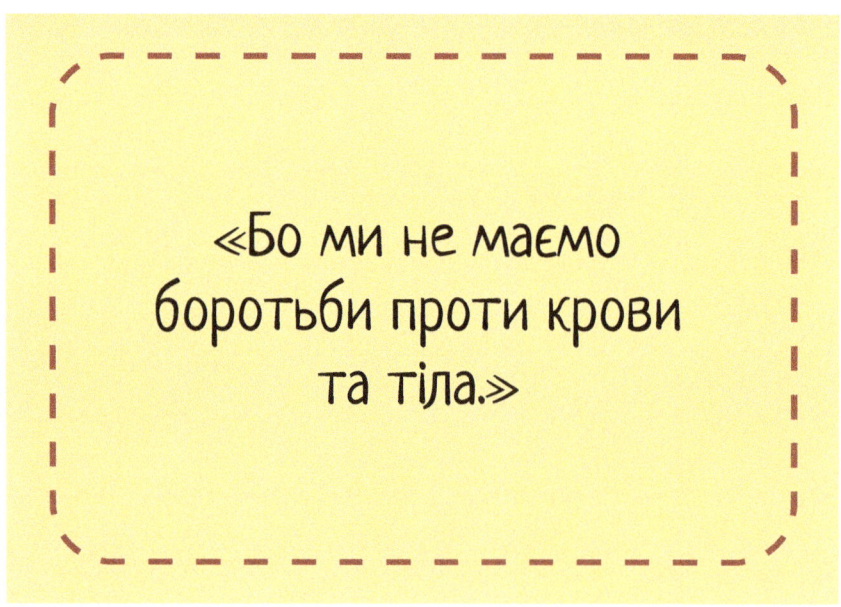

Диявол - наш ворог, але ми не можемо його ні побачити, ні вдарити.

«Але проти початків, проти влади цієї темряви, проти піднебесних духів злоби.»

Я повинен бути напоготові. Я воїн Бога, і я можу навчитися одягати духовну зброю для захисту від зла.

«Через це візьміть повну Божу зброю, щоб могли ви дати опір дня злого, і, все виконавши, витримати.»

Пояс, який носив римський воїн, був важливий - він утримував увесь його одяг. Воїн тримав в поясі також і зброю для битви.

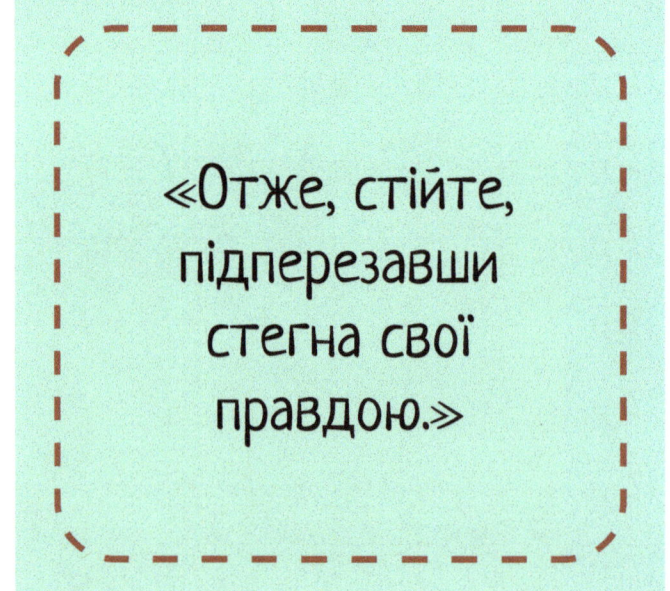

Бог сильний і могутній і Він завжди зі мною. Подібно до міцного, туго зав'язаного пояса, істина Слова Бога підтримуватиме і захищатиме мене.

«Отже, стійте, підперезавши стегна свої правдою.»

Римський воїн носив на грудях металеве покриття для захисту життєво важливих органів. При пошкодженні одного органа, його життя було б в небезпеці.

Бог навчає мене діяти гідно і бути добрим до людей, навіть якщо диявол тягне мене в протилежний бік.
Я оберігаю своє серце від зла. А Бог постійно дає мені більше сили проявляти любов до оточуючих.

«...і зодягнувшись у броню праведности.»

Міцне взуття завжди було важливе для воїна. Воїн має бути завжди готовим до далеких подорожей.

Я готовий йти і розповідати іншим про радісну звістку: про Боже світло та Його любов.

«... і взувши ноги в готовість Євангелії миру.»

Під час битви римські воїни вишиковувалися в ряд, тримаючи перед собою величезні щити, щоб не дати ворогові прорватися.

Я надіваю щит віри, щоб зберегти себе від диявола. Віра - означає довіряти Богові і вірити в Нього, навіть коли я Його не бачу. Бог чекає, що я буду вірний Йому і довірятиму Йому у всьому. Коли я довіряю Богові, Він дає мені більше сил.

«А найбільш над усе візьміть щита віри, яким зможете погасити всі огненні стріли лукавого.»

Римські воїни носили залізні шоломи для захисту голови і обличчя від поранень.

Жертва Ісуса захищає мою душу так само, як і шолом захищає мою голову від поранень. Бог врятував мене від моїх помилок, коли Ісус помер, щоб спасти мене.

«Візьміть і шолома спасіння.»

Римський меч був дуже міцним і гострим, а також неважким, щоб його було легко використовувати.

Я можу використовувати Слово Бога як могутню зброю проти диявола. Коли у мене буває спокуса діяти негідно, Біблія нагадує мені про те, як діяти правильно і не допустити зло.

«...і меча духовного, який є Слово Боже.»

Воїн прагне до перемоги, тому він слухає і виконує все, що йому говорить головнокомандувач.

Коли я одягаю духовну зброю, мені щодня треба тренуватися в її застосуванні. Я молюся і прошу Ісуса направляти мене.

«Усякою молитвою й благанням кожного часу моліться духом.»

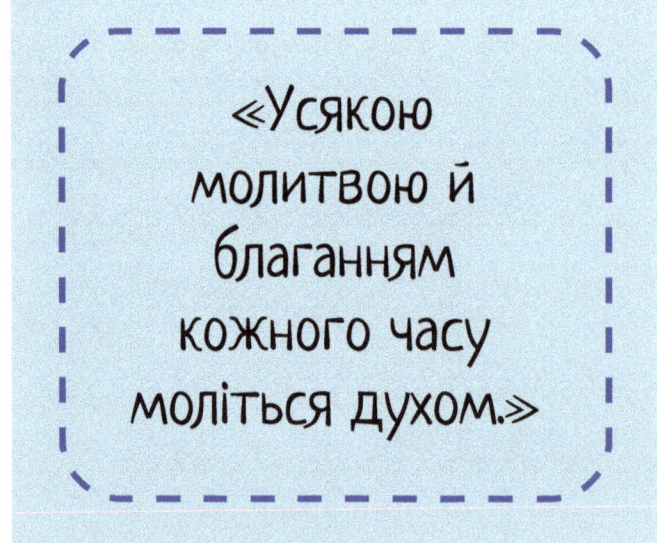

Воїн завжди напоготові, його ворог може напасти у будь-який час.

Я маю бути готовий у будь-який час зіткнутися з дияволом. Я молюся, щоб інші також були до цього готові.

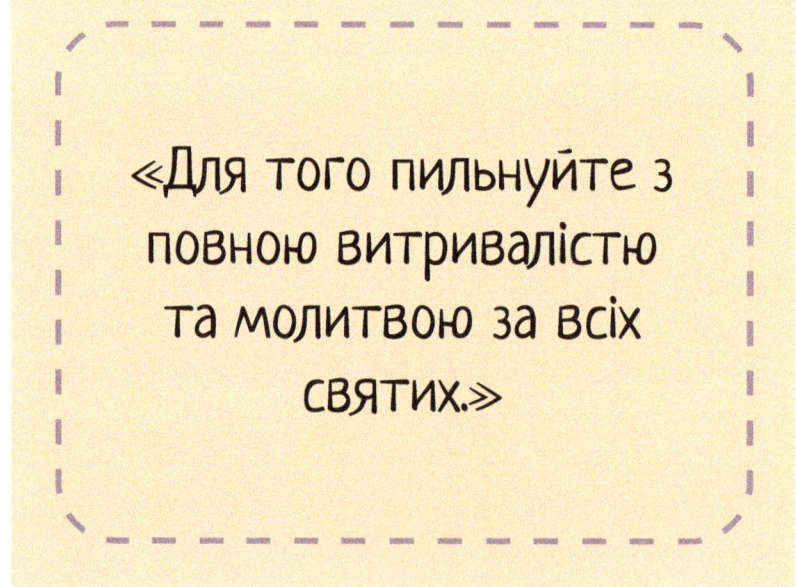

«Для того пильнуйте з повною витривалістю та молитвою за всіх святих.»

ЧАС ДЛЯ МОЛИТВИ

Дорогий Боже,

Будь ласка, допоможи мені щодня одягати Твою духовну зброю.

Допоможи мені вибирати добро, коли у мене з'являється спокуса робити негідне.

Навчай мене все робити з любов'ю.

Дай мені сміливість говорити про Тебе іншим. Нагадуй мені читати Твоє Слово і слідувати йому.

Боже, будь ласка, дай мені сили.

Амінь.

ЧАС ПРОСЛАВЛЯТИ БОГА

Дякую Тобі, дорогий Боже, що Ти дав мені цю зброю для захисту від диявола.
Дякую, що даєш мені сили, навіть коли я почуваю себе слабким.
Я прославляю Тебе за те, що Ти завжди поруч і допомагаєш мені.

Інші книги з цієї серії:

Опубліковано: iCharacter Ltd. (Ireland)
www.icharacter.org
Складено: Агнес де Безенак
Переклад: Наталія Феррейра
Авторське право 2020.

www.icharacter.org

Авторське право © 2020 iCharacter Ltd. Усі права захищені. Ніяка частина цієї книги не може бути відтворена у будь-якій формі або будь-яким електронним або механічним способом, включаючи системи зберігання і пошуку інформації, без письмового дозволу видавця або автора, за винятком випадків, коли рецензент може процитувати короткі уривки, використані в критичних статтях або в рецензії.